AF563446

DECLARATION DV ROY, POVR FAIRE payer par les acquereurs de son Domaine, soit à perpetuité ou à faculté de rachapt, les charges estans sur iceluy.

A PARIS,
Chez IAMET METTAYER & P. l'Huillier, Imprimeurs & Libraires ordinaires du Roy.
1602.
Auec priuilege de sa Majesté.

Fontaine-belleau 12 O. 1601

HENRY par la grace de Dieu, Roy de France & de Nauarre, A tous ceux qui ces presentes lettres verront, salut. Comme ainsi soit que la necessité en laquelle nous auons esté reduicts par la longueur des guerres passees, nous ait contrainct vendre & aliener la pluspart de nostre Domaine, à si petit prix, que mesmes pour en faciliter d'autant plus la vente & alienation, selon que les occasions nous ont pressé de plus prés, afin d'en tirer quelque secours: les adiudications qui en ont esté passees aux acquereurs d'iceluy, soit par obmission ou autrement, ne se trouuent à present chargees cōme elles deuroient eſtre, d'acquitter les charges que ledit Domaine auoit accouſtumé de porter, ou porteroit maintenāt ſ'il eſtoit encores en noz mains ; de ſorte que n'ayans pour le preſent moyen de pouruoir aux plaintes qui nous ſont faites du preiudice notable que telle alienation ſans ceſte reſerue apporte au biē public & particulier de noz ſubiets, en ce que la pluſpart des fiefs & aumoſnes, gaiges, rētes, frais de iuſtice, & autres charges eſtans ſur noſtredit Domaine, vendu & aliené tant par noz predeceſſeurs que par nous, n'ont eſté & ne ſont payez & acquittez par les acquereurs d'iceluy comme elles deburoient & auoient accouſtumé d'eſtre, ſ'excuſans leſdits acquereurs ſur ce que par les adiudications qui leur ont eſté faites par les Commiſſaires deputez pour en faire la vēte, ne ſe trouuerōt chargez d'acquitter leſdits fiefs & aumoſnes, gaiges, rentes, & autres charges, la pluſpart deſquelles ſeroiēt touſiours depuis demeurees en arriere, ſans auoir eſté par eux payees, & l'autre partie d'icelles reiettees ſur le fonds ordinaire de noz receptes, à la grāde foule de noſtre peuple, & de noz finances, qui ſeroit directemēt contre noſtre intētion, & contre l'arreſt de noſtre Cour de Parlement donné à la requeſte de noſtre Procureur General en datte du 2. Decembre 1597. eſtāt beaucoup plus raiſonnable que les charges ordinaires, ſpecialement affectees ſur noſtredit Domaine, tāt celles compriſes eſdites adiudicatiōs que les autres qui ſouloiēt auparauāt eſtre portees, ſoient payez par les acquereurs d'iceluy, que non pas celles reiettees ſur le fonds de noz fināces, trop plus chargé d'ailleurs qu'il ne peut porter, ainſi qu'il eſt notoire à vn chacun. A CES CAVSES, voulans pouruеoir, comme il eſt neceſſaire, & remedier au dõmage notable que nous receuõs en ceſt endroit, de noſtre pleine puiſſance & auctorité Royal, Auons par ces preſentes dict & declaré, diſons & declarons, que nous n'auons entendu ny n'entendõs que leſdits acquereurs de noſtre Domaine, ſoit à perpetuité ou par engagement, ſoient aucunemẽt deſchargez des fiefs & aumoſnes, gaiges des officiers, frais de iuſtice, pain des priſonniers, rentes, & autres charges que les parts & portions de noſtre Domaine qui leur ont eſté vendues ou engagees auoient accouſtumé de porter auant l'alienation. Voulons & nous plaiſt qu'ils ſoient d'oreſnauant contraincts & tenus à l'acquit

& payement entier de ce q̃ chacune d'icelles auoit accoustumé de porter, nonobstant que par leurs contracts d'acquisitiõ de nostre dit Domaine ils n'en soient expressément chargez, & que la vẽte & alienation leur en ayẽt esté faites sãs reserue aucune desdites charges, ce qui n'a deu estre obmis à nostre si grãd preiudice, quelque pouuoir qu'en ayent eu de nous lesdits Cõmissaires qui en ont faict la vẽte, & lettres de ratificatiõ que lesdits acquereurs en ayẽt obtenues de nous, lesquelles pour ce regard seulemẽt ne voulõs sortir aucũ effect. En quoy neaumoins lesdits acquereurs ne sçauroient receuoir autre plus grand interest, sinon que les adiudications moderees qui leur ont esté faites monteront à vn peu plus haut prix qu'elles ne sont. Et dautant que le bien & vtilité que nous receurons par ce reiglemẽt en noz affaires peut de beaucoup auancer le soulagement que nous desirõs apporter à noz subiects, Voulons que par les Thresoriers generaux de France, ou autres qui feront la distribution des charges qui seront acquittees sur lesdites parties de nostre Domaine, soit gardé & obserué telle proportion & egalité, qu'il ne soit fait sur iceluy aucunes recharges excedans le denier vingt, outre lequel nous n'entendõs que les acquereurs de nostre Domaine puissent estre tellement chargez, que pour le moins l'acquisition par eux faite ne leur reuiẽne à ladite raison, sans pour ce neantmoins reuoquer, retrancher, ny mettre en doute les alienatiõs de nostredit Domaine faites à raison du denier douze, dont les acquereurs pourroient iouir sans aucun trouble ny empeschement,

auec

auec la part du reiect ſur iceluy des charges ordinaires, & ſans auſſi qu'il ſoit changé ny innoué aucune choſe aux autres portions de noſtre Domaine qui ſe trouueront auoir eſté deſia chargees à ladite proportiõ dudit denier vingt : & à ceſte fin ſera faite prõpte & exacte recerche & perquiſitiõ de toutes les parts & portions de noſtre Domaine vẽdu, engagé ou alienéen ceſtuy noſtre Royaume, enſemble des rentes & charges eſtans ſur chacune partie d'iceluy, leſquelles ordonnons eſtre d'oreſnauãt payees & acquittees par chacun an par les acquereurs de noſtredit Domaine, ainſi qu'il eſt dit cy deſſus, & iceux à ce faire & ſouffrir eſtre contraincts par ſaiſie de noſtre Domaine & reuenu d'iceluy, & autres voyes & cõtraintes accouſtumees pour noz deniers & affaires,

Nonobstant tous arrests & iugemés qui pourroient estre interuenus au contraire, sans auoir aussi aucun esgard aux clauses de leurs contracts que ne voulons nuire ne retarder en aucune maniere l'executió de nostre volonté. SI DONNONS en mandemét à noz amez & feaux les gens tenans nostre Cour de Parlement à Paris, Châbre de noz Comptes, & Thresoriers generaux de France chacun endroit soy, que ces presentes ils facent lire, publier & enregistrer, & le contenu en icelles executer & obseruer selon leur forme & teneur, nonobstant oppositiõs ou appellations quelscõques, pour lesquelles ne sera differé. Enioignons à nostre premier Huissier ou Sergent sur ce requis, faire pour l'executió des presentes tous exploicts & contraintes necessaires, sans pour ce demander placet, visa, ne pareatis. Car tel eſt noſtre plaiſir. En teſmoin dequoy nous auons fait mettre noſtre ſeel à ceſdites preſentes. Donné à Fontaine-bleau le 12. iour d'Octobre, l'an de grace mil ſix cens vii. Et de noſtre regne le treziſeme.

Signé, HENRY.

Et ſur le reply, Par le Roy, Ruzé.

Et ſeellees du grand ſeel de cire iaune ſur double queuë.

Plus ſur ledit reply eſt eſcrit,

Regiſtrees, ouy & conſentant le Procureur general du Roy, à Paris, en Parlement, le 29. iour de Mars, 1602.

Signé, DV-TILLET.

Et encores ſur le reply eſt eſcrit,

Regiſtrees ſemblablement, en la Chambre des Comptes, ouy le Procureur general du Roy, ainſi qu'il eſt contenu en l'Arreſt de ce faict le 16. iour d'Auril, 1602.

Signé, DANES.

EXTRAICT DES REGISTRES DE LA CHAMBRE des Comptes.

VEU par la Chambre les lettres patentes du Roy, donnees à Fontainebleau le douziesme iour d'Octobre mil six cens un, signees Henry, & sur le reply, Par le Roy, Ruzé, & seelles sur double queüe de cire iaune. Par lesquelles ledit Sieur dit & declare qu'il n'a entendu & n'entend, que les acquereurs de son Domaine soit à perpetuité ou par engagement, soient aucunemẽt deschargez des fiefs & aumosnes, gaiges des officiers, frais de Iustice, pain des prisonniers, rentes & autres charges que les parts & portions de sondit Domaine, qui leur ont esté vendues ou engagées, auoient accoustumé de porter auant l'alienation, veut & luy plaist qu'ils soient d'oresnauant contraincts & tenus à l'acquict & payement entier, de ce que chacunes d'icelles auoient accoustumé de porter. Nonobstãt que par leurs contracts, ils n'en soient expressémẽt chargez, & que la vẽte & alienation, leur en ayent esté faicte, sans reserue aucune desdites charges. Ce qui n'a deu estre obmis, quelque pouuoir qu'en ayẽt eu les Commissaires: Veut aussi que par les Thresoriers generaux de France, ou autres qui feront la distribution des charges qui serõt acquittees sur les parties dudit Domaine, soit gardé & obserué telle proportion & egalité, qu'il ne soit fait sur iceluy aucunes recharges excedans le denier vingt. Outre lequel il n'entend que les acquereurs dudit Domaine puissent estre tellement chargez, que pour le moins l'acquisition par eux faicte ne leur reuienne à *ladite raiſon, ſans pour ce reuoquer, retrē-cher ny mettre en doute les alienations dudit Domaine faictes à raiſō du denier douze, dont les acquereurs pourroient iouyr ſans aucun trouble ou empeſchement, auec la part du reiect ſur iceluy des charges ordinaires, & ſans auſſi qu'il ſoit changé ny innoué aucune choſe aux autres portions dudit Domaine, qui ſe trouuerōt auoir eſté deſia changees à ladite proportion du denier vingt, dont ſera faict exacte recerche & perquiſition, de toutes les parts & portions dudit Domaine, vēdu, engagé ou aliené en ce Royaume. Enſemble les rentes & charges eſtans ſur chacune partie d'iceluy, leſquelles ſa Majeſté ordōne eſtre d'oreſnauāt payees & acquittees par chacun an par les acquereurs dudit Domaine, & iceux cōtraints par ſaiſie & reuenu d'iceluy, & autres voyes & cōtraintes accouſtumees pour ſes deniers & affaires, ainſi que plus au lōg le cōtiennent leſdites lettres* registrees en la Cour de Parlemẽt, oy & ce cõsẽtãt le Procureur general du Roy en icelle Cour le vingt neufuiesme Mars dernier. Les cõclusions du Procureur general dudit Sieur en ladite Chambre. Et tout consideré LA CHAMBRE a ordõné & ordõne lesdites lettres estre registrees, à la charge qu'és estats de distribution, qui serõt expediez suyuãt icelles, ne serõt emploiees autres charges que les anciẽnes qui se trouuerõt auoir esté passees és comptes du Domaine cy deuant rendus en ladite Chambre, ou ordonnees estre payees sur iceluy par edits verifiez en icelle, auant les alienations, & que les frais de Iustice, ouurages, & reparations & autres semblables despenses ordinaires & accoustumees d'estre payees sur ledit Domaine, seront eualuez sur vne annee commune de dix precedentes celle de quatreuingts neuf, lesquels estats de distributions, & les procez verbaux de l'execution desdites lettres, les Commissaires à ce deputez, seront tenus enuoyer en ladicte Chambre incontinent apres qu'ils auront esté par eux arrestez, pour estre mis au greffe d'icelle, & y auoir recours quand besoin sera, & sera sa Majesté suppliee de faire surseoir l'execution des Commissions qu'elle a cy deuant decernees pour la vente & reuente dudit Domaine, iusques à ce qu'il soit apparu desdits estats de distributions, afin que les encherisseurs ne puissent pretende cause d'ignorance des charges qu'ils aurõt à payer. Faict le seiziesme iour d'Auril, mil six cens deux.

Signé, DANES.

[BIBLIOTHEQUE IMPERIALE]

www.ingramcontent.com/pod-product-compliance
Lightning Source LLC
LaVergne TN
LVHW010219230826
846091LV00008BB/3583
9782329340845